AF316789

SOYEZ *Votre* PROPRE *Muse*

EXERCISES QUOTIDIENS POUR DÉCOUVRIR VOTRE VRAI VOUS ET APPRENDRE À VOUS AIMER

NINA MADSEN

Special Art Development

Soyez Votre Propre Muse

Exercises quotidiens pour découvrir votre vrai
vous et apprendre à vous aimer

Nina Madsen

Hardcover ISBN: 9791255531333
support@specialartbooks.com
www.specialartbooks.com

Copyright © 2023 - Nina Madsen, Special Art

Table des matières

Introduction

Tout au long de notre vie, on nous dit constamment qui et ce que nous devrions être, à tel point que notre vraie nature a tendance à être étouffée. Des médias sociaux à l'influence sociétale, on nous dit souvent qu'il faut être en couple pour être heureux, être entouré d'autres personnes pour se sentir épanoui, rechercher l'appréciation et l'approbation de sources extérieures et suivre un chemin bien établi pour trouver sa propre satisfaction.

Ce livre ne suit pas du tout cette ligne de pensée.

Je suis convaincue que presque tout ce dont nous avons besoin dans la vie, qu'il s'agisse de développer des compétences particulières ou de gagner en sagesse et en force, vient de l'intérieur de nous. C'est la magie que nous possédons qui nous rend uniques. Et ce n'est pas seulement une source de joie, c'est également rassurant car nous n'avons pas besoin de chercher ce que nous avons déjà !

Chaque personne est extraordinaire et l'alliance de la créativité, de l'effort pratique et de l'autoréflexion peut mettre en lumière cette vérité simple et indéniable : il n'y a pas de plus grande joie et de plus beau cadeau que vous puissiez offrir au monde que d'être vous-même, unique, incroyable.

Dans les pages qui suivent, vous apprendrez le bonheur de savoir qui vous êtes vraiment. Vous découvrirez pourquoi vous devriez passer plus de temps avec vous-même et comment. Vous verrez que prendre soin de vous vous apportera la vitalité dont vous avez besoin pour être meilleure avec les autres également. Vous vous rendrez compte que cultiver l'admiration pour vous-même est bien plus important que de recevoir des compliments des autres. Vous apprendrez à passer du temps avec vous-même, à vous respecter, à vous remercier, à vous amuser et, surtout, à *vous aimer*. En cours de route, vous développerez votre force et votre confiance pour vous réjouir de la beauté d'être *vous-même*.

Partie Un: Aimez-vous vous-même

Chapitre Un

Soyez votre propre muse

> je suis ma propre muse. Je suis le sujet que
> je connais le mieux. Le sujet que je veux
> connaître le mieux.
>
> *—Frida Kahlo*

Si vous avez déjà entendu un artiste dire qu'il a besoin d'une muse, cela signifie qu'il a besoin d'inspiration, de quelque chose pour alimenter son flux créatif. Parfois, les muses sont des personnes, mais souvent elles sont aussi des choses, des lieux ou des moments. Les muses se présentent sous d'innombrables formes. Une conversation entendue par hasard, une citation puissante, une belle chanson, un joli poème ou même un gros titre dans les journaux. Ces éléments stimulent notre veine créative, nous permettent de nous exprimer et nous font nous sentir *vivantes*. Ces muses génèrent des créations chantées, écrites, peintes et désirées.

Et si la meilleure muse était celle qui est en vous ? Oui ! Vous !

Les gens balaient souvent leur créativité en déclarant : "Je ne suis pas une personne créative". Ensuite, ils ne donnent plus libre cours à ce côté d'eux-mêmes, pensant que la créativité n'est pas pour eux ! Mais tout cela est faux. Chacun de nous, par nature, a la capacité de créer et nous pouvons l'exploiter si nous nous donnons une chance et si nous nous considérons comme notre propre muse !

Considérez la vie que vous avez vécue, les souvenirs que vous avez créés, les personnes que vous avez rencontrées. Tous les endroits que vous avez visités, les relations que vous avez développées, les lieux dans lesquels vous avez vécu et tout ce que vous avez accompli.

Tout cela peut constituer une formidable source d'inspiration. Quel que soit votre âge ou votre expérience, il y a en vous une histoire qui attend d'être racontée, parfois même au-delà des mots. Il est temps d'examiner votre vie et de plonger dans votre identité pour découvrir comment vous pouvez utiliser vos pouvoirs pour être une source d'inspiration pour vous-même et pour les autres.

Demandez-vous...

À quoi pourrait ressembler un tableau décrivant votre vie ?

Avec quelles couleurs, quels symboles et quelles images ?

....

....

Quel genre de force pourrait-il apporter aux autres ?

....

....

Comment cela affecterait-il le reste de votre vie ?

....

....

Quelles leçons pourrait-il enseigner à ceux qui le voient ?

....

....

Et surtout, comment votre passé a-t-il façonné ce que vous êtes aujourd'hui ?

....

....

METTEZ CECI EN PRATIQUE

En réfléchissant à ces questions, essayez d'en savoir plus sur vous-même.

Regardez qui vous êtes, observez votre passé et choisissez une partie de vous-même qui vous intrigue le plus, mais que vous comprenez le moins.

Il peut s'agir de votre curiosité, de votre habileté avec les chiffres, de votre introversion, de votre amour du rock. Et pourquoi pas de la fois où vous avez fait du parachutisme alors que vous détestez les hauteurs, de votre dégoût pour certains aliments, de votre désir de devenir une bonne cuisinière ou de votre amour profond de la nature !

- Quand et où est née cette apparence qui est la vôtre ?

  ....

  ....

- Pourquoi ?

  ....

  ....

- Qui était présent et où cela s'est-il passé ?

  ....

  ....

- Comment cette apparence est-elle ou comment veut-elle être exprimée ?

  ....

  ....

- Pourquoi constitue-t-elle une partie complexe de votre personnalité et comment souligne-t-elle votre caractère unique ?

  ....

  ....

- Pensez-y.

....

....

- Puis... Notez-le.

....

....

Trouvez également un objet qui vous inspire. Vous pouvez assister à une foire artisanale ou faire un "voyage en fauteuil" en consultant des sites web comme Etsy, Minted, Jungalow, Uncommon Goods, Animi Causa ou Viva Terra. Quelle que soit la façon dont vous choisissez de trouver votre article, prenez le temps de le chercher. Une fois trouvé, placez-le dans votre sanctuaire (nous y reviendrons) et utilisez cet objet pour vous rappeler les pouvoirs de votre muse intérieure.

EXERCICE CRÉATIF

Dessinez un autoportrait qui capture non pas votre reflet dans le miroir, mais les aspects de vous-même que vous trouvez les plus fascinants. Vous n'avez pas besoin d'être un artiste brillant. Il vous suffit de dessiner pour exploiter votre créativité !

Si vous préférez la photographie, optez pour un portrait de vous-même.

Pour mieux comprendre à quel point vous pouvez être innovant avec cet exercice, jetez un coup d'œil aux autoportraits des artistes suivants :

- Sarah Lucas
- Cindy Sherman
- Frida Kahlo
- Tamara de Lempicka
- Jarusha Brown

Conclusion

Les muses se manifestent de différentes manières, mais la plus convaincante est celle qui est en vous. N'oubliez pas que vous êtes votre propre source d'émerveillement. Creusez en profondeur pour découvrir qui vous êtes, pourquoi vous êtes ce que vous êtes, et ce qui vous rend si spéciale.

De même, il n'est pas nécessaire d'être photographe, peintre, écrivain ou danseur pour exprimer son authenticité.

Il suffit d'écouter et de prendre du recul par rapport à ce qui vous a été révélé.

Chapitre Deux

Soyez celle qui vous écoute

> ...rien ne sonne aussi bien à
> l'âme que la vérité.
> —*Martha Beck*

Nous, les femmes, assumons souvent beaucoup de choses et beaucoup de personnes comptent sur nous. Nous écoutons nos partenaires, nos frères et sœurs, nos amis, notre famille, nos enfants et nos collègues. Nous offrons de l'empathie et des conseils, ainsi que notre temps, nos pensées et notre énergie.

Pourtant, combien de fois nous arrêtons-nous et prenons-nous le temps de nous écouter ? Nous avons tendance à ne pas faire attention à nous-mêmes et, si cela peut plaire aux autres, nous en subissons les conséquences.

En tant que femme, nous voulons passer du temps avec les autres et partager nos vies. Cela fait partie de notre ADN. Mais si nous apprécions ces relations et voulons aider les personnes que nous aimons, nous voulons aussi être écoutées. Il y a peut-être déjà quelqu'un qui le fait, mais pourquoi ne pas commencer à vous écouter vous-même ?

Tout devient plus clair lorsque vous vous détendez et faites taire votre voix critique intérieure. Loin du bruit des autres, vous pouvez écouter et apprendre à connaître vos angoisses.

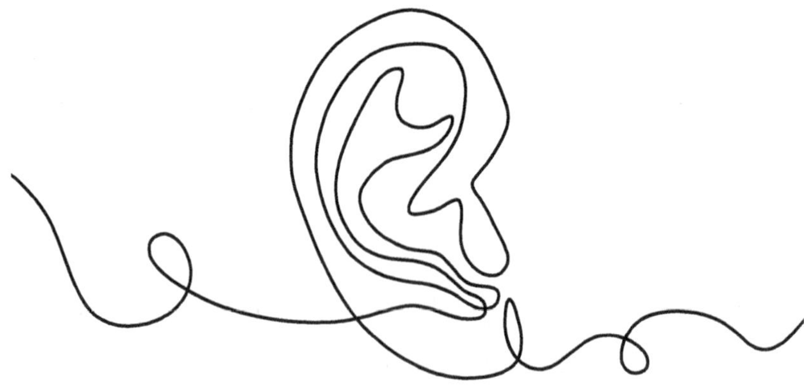

Vous pouvez arriver à comprendre ce que vos émotions essaient de vous dire, vous reconnecter avec votre intuition et prendre des décisions, qu'elles soient de moindre importance ou cruciales, en vous basant sur votre sagesse. Tout cela ne semble-t-il pas génial ?

En outre, l'écoute de soi révèle vos croyances fondamentales. Lorsque vous rencontrez des croyances profondément ancrées qui vous limitent, vous pouvez apporter les changements nécessaires. En vous écoutant, vous serez également en mesure de prévoir comment vous vous sentirez dans une situation donnée, ce qui vous permettra de vous préparer à ce qui vous attend.

METTEZ CECI EN PRATIQUE

Pensez à un problème qui vous tracasse ces derniers temps, peut-être une dispute avec un être cher, un problème complexe au travail ou une décision importante concernant votre carrière.

Réservez un moment dans votre journée et asseyez-vous tranquillement avec cette préoccupation. Assurez-vous que vous êtes dans un endroit où vous

vous sentez à l'aise et en sécurité. Probablement dans votre chambre, sur votre banc préféré au parc ou dans votre lieu de culte. Prenez un carnet et un stylo avec vous, au cas où vous voudriez écrire quelque chose ou réfléchir. N'oubliez pas : il s'agit d'un merveilleux moyen d'apporter de la clarté à une situation.

Prenez plusieurs respirations profondes pour vous retrouver. Laissez s'estomper les voix des autres, comme celles de vos amis, de vos collègues, de votre patron et de vos parents. Si les voix persistent, concentrez-vous sur votre respiration. Vous ne devez plus entendre que votre souffle, les battements de votre cœur et les bruits alentours. Une fois que vous vous sentez calme, demandez-vous :

- Qu'est-ce qui me préoccupe ?

....

....

- Quels sont les avantages et les inconvénients des solutions qui me sont proposées par d'autres ou que j'ai envisagées ?

....

....

- Qu'est-ce que je veux vraiment ?

....

....

- Qu'est-ce qui, à mon avis, permettra de prendre une décision judicieuse ?

....

....

- De quoi ai-je besoin ?

....

....

- Imaginez que la personne la plus sage et la plus compatissante de votre vie réponde à vos sentiments et à vos préoccupations.

....

....

- Comment réagiriez-vous ?

....

....

- En quoi cela vous rassurerait-il ?

....

....

- Quelles perspectives cela pourrait vous encourager à découvrir et à voir ?

....

....

- Quels sont les points de vue négatifs qui vous pousseraient à vous en détourner ?

....

....

- Quelles solutions proposeriez-vous ?

....

....

Ouvrez un dialogue bienveillant et compréhensif avec vous-même, à la fois en interne et dans votre carnet de notes. Cela vous aidera à faire preuve d'empathie et de compréhension.

EXERCICE CRÉATIF

Dessinez l'image d'une vague en utilisant uniquement les contours. Ensuite, prenez le temps de la colorer comme vous le souhaitez. Réfléchissez à cette vague et à ce qu'elle signifie pour vous.

Rappelez-vous le flux de la vie. Le poète et érudit Rumi a enseigné que "aucun sentiment n'est définitif". La vie est comme la mer et nous flottons sur elle, en ressentant les mouvements des vagues sous nos pieds. Parfois, des vagues sont plus grosses que d'autres, et parfois la mer est calme. Réfléchissez à ceci... Comme une vague, votre anxiété, vos sentiments négatifs et vos difficultés vont passer. D'autres sentiments peuvent surgir, mais n'oubliez pas qu'il y a aussi des moments où tout se passe bien.

Conclusion

Vous avez probablement gagné votre sagesse "à la dure" et pour cela, elle est inestimable. Écoutez-vous, loin des distractions, car cela vous aidera à vous reconnecter à vous-même comme jamais auparavant.

Chapitre Trois

Soyez votre propre parent sage et aimant

Les vies bien remplies peuvent nous empêcher de prendre soin de nous-mêmes. Comme je l'ai déjà dit, les femmes laissent souvent d'autres choses se mettre en travers de leur chemin, avant de prendre soin d'elles-mêmes.

Le travail, les obligations sociales, les responsabilités domestiques, les enfants, les relations, les soirées entre amis et les événements exigeants, tout cela peut nous éloigner de la santé et du bien-être. Il se peut que nous ne dormions pas bien, que nous mangions mal ou que nous abandonnions notre engagement à faire de l'exercice. Beaucoup cessent de demander du réconfort et de l'écoute et oublient de se détendre et de se reposer.

La pyramide des besoins de Maslow révèle que, pour atteindre notre potentiel le plus élevé, nous devons d'abord nous assurer que nos besoins essentiels sont satisfaits. Il s'agit de l'alimentation, du sommeil, de l'hydratation, du sentiment d'appartenance et de la sécurité. Une fois que nous les avons tous, nous pouvons commencer à relever les défis plus variés que sont les relations interpersonnelles, l'avancement professionnel et la réalisation du but de notre vie.

C'est là que nous devons intervenir, en tant que parent sage et aimant. Cette "personne" existe en chacun de nous, parfois comme un murmure et parfois comme un cri.

Considérez cette figure comme une personne sur votre épaule qui vous guide dans la bonne direction.

Cette voix vous dit quand vous devez quitter une fête, même si vous vous amusez beaucoup, pour vous assurer de dormir suffisamment et de ne pas être fatiguée le lendemain au travail.

Pour nous toutes, oui, cette voix nous avertit d'un danger potentiel, nous rappelle de choisir la pomme plutôt que le bonbon et peut même nous inciter à prendre un bain chaud lorsque nous sommes accablées et anxieuses.

Votre devoir est de vous reconnecter avec ce parent qui est en vous. Il est probablement resté caché parce que le stress de la vie vous a distrait ou que les besoins des autres ont pris le pas sur les vôtres.

METTEZ CECI EN PRATIQUE

Examinez votre vie et identifiez les aspects fondamentaux qui nécessitent plus d'attention.

- Avez-vous besoin de plus ou de mieux dormir ?

  ....

  ....

- Avez-vous besoin de manger plus sainement ?

  ....

  ....

- Plus de légumes ?

  ....

  ....

- Avez-vous pensé à prendre des vitamines ?

  ....

  ....

- Avez-vous été chez le médecin récemment ?

....

....

- Êtes-vous bonne envers vous-même et laissez-vous vos erreurs vous apprendre quelque chose de nouveau plutôt que de vous abattre ?

....

....

- Avez-vous besoin de plus de rire dans votre vie ?

....

....

- De passer plus de temps avec vos amis ?

....

....

- Avez-vous besoin de sortir faire une promenade pour vous vider la tête ?

....

....

Écoutez le parent sage et aimant qui est en vous et faites ce qu'il vous suggère. Qui sait, votre guide intérieur pourrait vous surprendre avec une certaine sagesse !

EXERCICE CRÉATIF

Imaginez-vous dans le corps le plus sain et le plus énergique possible. Que feriez-vous ? Voudriez-vous courir, nager ou simplement sourire ? Comment vous sentiriez-vous ? De quoi auriez-vous l'air ?

Besoin d'inspiration ? Recherchez dans les photos de votre téléphone, ou dans un album, une photo de vous, à l'époque où vous aviez l'air (et vous sentiez) bien reposée, confortable et heureuse.

Une autre façon d'agir est, là aussi, de faire un dessin. Mais vous pouvez aussi vous allonger, fermer les yeux et l'imaginer dans votre esprit. Vous utilisez toujours votre créativité unique même sans prendre un crayon !

Conclusion

Prendre soin de soi est fondamental pour la santé mentale, physique et psychologique de chacun. La vie est faite pour être vécue et appréciée. Apprendre à prendre soin de soi en tant que parent ne peut que vous apporter plus de satisfaction, de bonheur et de respect pour qui vous êtes.

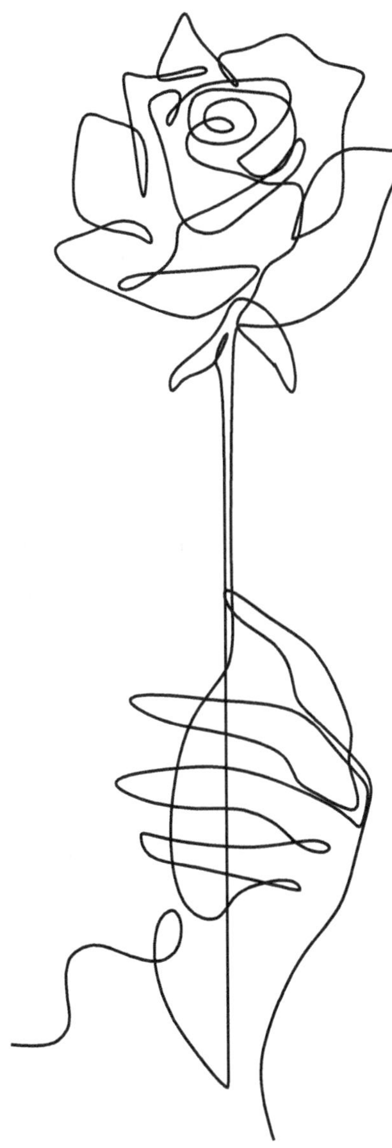

Chapitre Quatre

Prenez rendez-vous avec vous

> Ma mère m'a dit d'être une dame. Et pour elle, cela signifiait être sa propre personne, être indépendante.
> —*Ruth Bader Ginsburg*

Être en compagnie d'autres personnes est certainement amusant, mais la compagnie de soi-même peut certainement être relaxante et agréable. Lorsque vous passez du temps de qualité avec vous-même, vous apprenez beaucoup sur qui vous êtes.

Ceci inclut vos préférences alimentaires, le moment de la journée où vous vous sentez la plus active, et même la vitesse à laquelle vous aimez marcher. Ce temps vous donne l'occasion d'explorer des activités, des aliments et des environnements nouveaux pour vous et de parvenir à une conclusion fondée, non pas sur l'opinion des autres, mais sur l'écoute de votre cœur.

Quand vous êtes seule, vous pouvez être qui vous voulez. Bien que cela soit libérateur, les gens évitent souvent d'être seuls, parce qu'ils ont peur d'affronter certaines situations. Peut-être y a-t-il des choses que vous n'aimez pas chez vous et vous ne voulez pas y penser ou y faire face. Ou probablement que la voix négative dans votre tête devient plus forte lorsque vous êtes seule. Mais faire ce travail sur soi est parfois essentiel. Rester seules pour nous rappeler qui nous sommes et ce que nous avons à donner au monde.

Même si commencer à deviser avec vous-même semble effrayant, je vous promets que cela deviendra plus facile au fur et à mesure que vous le ferez. Dans ce temps libre, vous pouvez surmonter les difficultés qui vous freinaient souvent. Vous pouvez apprendre à aimer l'apparence de votre corps, arrêter de vous stresser pour votre compte en banque, et même vous pardonner pour quelque chose que vous n'avez pas pu faire depuis longtemps. En effet, ce moment de solitude, qui est si rare, vous donne la possibilité d'être vraiment avec vous-même et d'entendre la voix forte et passionnée qui est en vous et qui demande à être entendue. Soyez seule, commencez à vous débarrasser de toutes les choses négatives et aimez-vous.

METTEZ CECI EN PRATIQUE

Choisissez un lieu ou une activité qui vous passionne. Pourquoi pas un restaurant chic qui vient d'ouvrir, un événement unique auquel la plupart des personnes de votre cercle social ne choisiraient pas de participer, mais qui a une signification particulière pour vous, ou tout simplement un film que vous avez hâte de voir.

- Inscrivez-le dans votre calendrier et mettez-vous en condition.

- Préparez-vous comme vous le feriez pour n'importe quel rendez-vous, en choisissant une tenue amusante et en faisant ressortir votre côté le plus joyeux.

- Pendant votre rendez-vous, faites une pause pour remarquer comment vous vous sentez, en particulier si vous essayez un nouveau plat ou une nouvelle activité, car tout ce qui nous fait sortir de notre zone de confort participe à cette révélation de soi.

- Une fois rentrée chez vous, écrivez dans votre journal, non seulement ce que vous avez fait, mais aussi ce que vous retenez de cette expérience.
- Comment feriez-vous différemment la prochaine fois ?
- Qu'est-ce que vous avez hâte de vivre maintenant ?

Intégrez ces moments de solitude dans votre emploi du temps jusqu'à ce qu'ils fassent partie de votre routine, ou, peut-être, qu'ils vous donnent envie de faire un plus grand saut et de voyager seule vers un endroit exotique.

EXERCICE CRÉATIF

Pensez au cadre de votre rendez-vous idéal. Dessinez-le ou créez une liste.

Il peut s'agir d'un coucher de soleil à la plage, d'un restaurant éclairé aux chandelles, d'un cinéma en plein air ou d'une cascade. Il peut s'agir d'une promenade au parc avec le chien ou même d'un verre de vin en terrasse.

Il peut s'agir d'une série d'activités ou d'un seul événement mémorable. Imaginez-vous seule dans cet environnement et sentez combien vous êtes enthousiaste à l'idée de faire exactement ce que vous voulez dans cet espace. Mettez-vous dans le bon état d'esprit avant de le faire en réalité, surtout si c'est la première fois !

Conclusion

Être satisfaite de sa propre compagnie peut être aussi instructif et excitant que de tomber amoureuse d'une autre personne. Cela peut aider à créer une nouvelle compréhension de qui vous êtes vraiment. De plus, si vous n'aimez pas votre propre personne, comment quelqu'un d'autre pourrait-il l'aimer ?

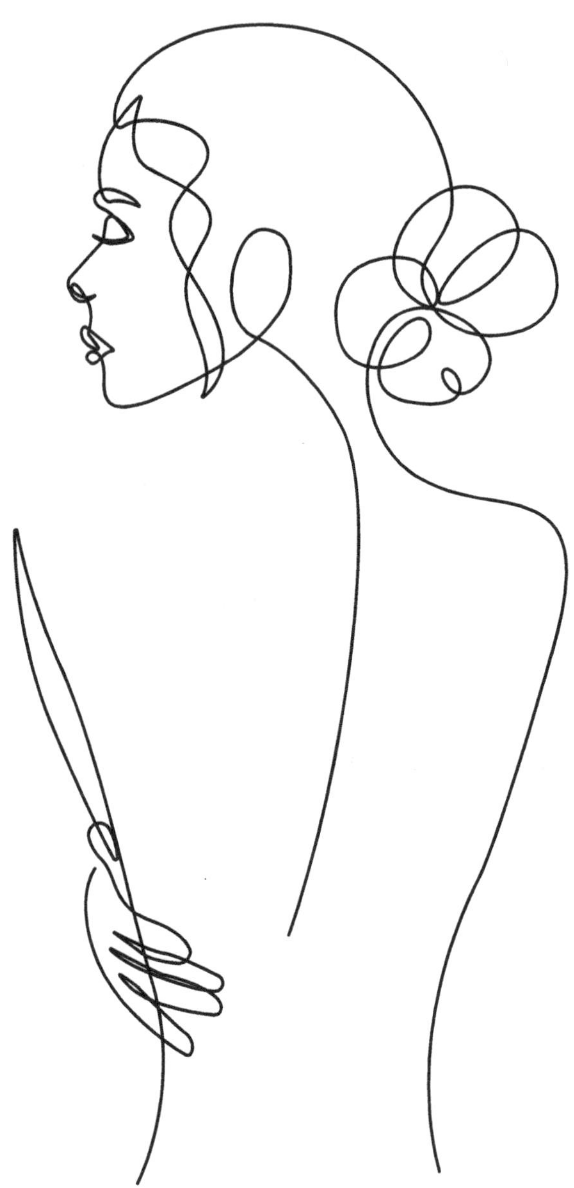

Partie Deux: Aimez votre espace

Chapitre Cinq

Devenez votre propre chef personnel

> « Une femme, c'est le cercle complet.
> En elle se trouve le pouvoir de créer,
> de nourrir et de transformer.
> —*Diane Mariechild* »

La plupart des femmes qui travaillent et qui ont des enfants pensent qu'il n'y a pas lieu d'attacher beaucoup d'importance à l'alimentation, si elles déjeunent seules.

Souvent, nous mangeons un bol de céréales ou commandons une salade à emporter lorsque personne d'autre de la famille n'est à la maison. Ou bien, nous ne préparons rien et mangeons simplement les restes de la veille.

Bien que cette habitude ne soit ni bonne ni mauvaise, apprendre à cuisiner pour soi-même et à prendre son temps augmente l'estime et le respect de soi. En effet, être son propre chef personnel offre un certain nombre d'avantages. La cuisine est une expérience merveilleusement sensuelle, pleine de saveurs et d'odeurs qui peuvent apporter tant de bonheur.

Et se faire plaisir avec des aliments délicieux qui regorgent de vitamines et de minéraux essentiels est toujours une bonne idée. (Demandez à votre mère toujours de bons conseils et qui vous aime !)

METTEZ CECI EN PRATIQUE

Commencez avec enthousiasme ! Si vous n'avez pas l'habitude de cuisiner, faites des choses qui vous aideront à vous sentir à l'aise aux fourneaux. Achetez quelques ustensiles de cuisine assortis, si cela vous fait plaisir. Faites de votre cuisine un endroit agréable pour que vous ayez envie d'y passer de plus en plus de temps. Commencez petit. Il n'est pas nécessaire d'acheter une casserole en cuivre qui coûte la moitié de vos économies. Trouvez plutôt un ustensile qui vous plaît et vous donne envie de cuisiner plus fréquemment !

Une autre façon de prendre du plaisir à cuisiner est d'aller au marché près de chez vous et d'acheter des produits frais, de saison ou des produits intéressants et qui vous plaisent. Apprenez les bonnes façons de cuisiner et de servir de nouveaux aliments que vous n'avez sûrement jamais essayés avant. Et si vous n'avez pas l'argent pour acheter beaucoup de légumes différents,  commencez juste par un nouveau type de légumes. Si vous mangez toujours des carottes, essayez le potiron. Si vous n'avez pas de betteraves rouges, essayez les betteraves dorées, à l'automne.

Recherchez de nouvelles recettes sur Internet ou dans le livre de recettes de votre grand-mère et consacrez une soirée à la préparation d'un dîner, rien que pour vous. Prenez du temps dans la cuisine, ne faites pas tout à la hâte. Tout comme un repas préparé avec amour, cette expérience doit être savourée !

Pendant que vous cuisinez, écoutez de la musique ou un podcast que vous aimez et faites une pause pour savourer ce moment. Prêtez attention aux goûts et aux odeurs de ce que vous préparez et, si vous le souhaitez, remerciez intérieurement les personnes et la planète qui vous permettent de profiter de cette nourriture.

Lorsque vous êtes prête à manger, trouvez un endroit calme et agréable, juste pour vous. Rendez-le confortable et douillet. Et faites ce que vous voulez pendant que vous mangez. Ce moment est le vôtre. La prévenance dont vous faites preuve envers vous renforce l'estime de soi et vous rappelle que vous méritez attention, soin et élégance.

EXERCICE CRÉATIF

Ce que j'aime souvent faire est d'inventer une recette que je n'ai jamais cuisinée. J'aime expérimenter, être créative avec des aliments que j'ai déjà à la maison et voir si je peux préparer quelque chose de bon. De cette façon, vous utilisez votre imagination et vous avez la possibilité de faire du repas une occasion de vous chouchouter.

Conclusion

Cuisiner pour vous-même n'est qu'un autre aspect de l'attention que vous méritez. Profitez de vos expériences personnelles dans la cuisine et ailleurs.

Chapitre Six

Devenez votre propre amoureuse

« Nous portons sur nous le passeport de notre propre bonheur.

—Diane von Fürstenberg »

Lorsque vous aimez quelqu'un, vous en ressentez un grand plaisir, mais apprendre à vous aimer vous-même renforcera votre indépendance et favorisera l'admiration de soi. Tout le monde aurait besoin de développer cet amour propre. Mais, en réalité, il est difficile de savoir comment s'aimer soi-même. Comment apprendre à vous regarder comme le ferait un amoureux ?

Posez-vous quelques questions. Comment votre amoureux vous traiterait-il, idéalement ? Vous ferait-il des compliments ? Est-ce qu'il vous masserait les pieds ? Vous proposerait-il de commander une pizza à emporter ou de mettre votre film romantique préféré ? Vous apporterait-il des fleurs ? Adorerait-il vos bizarreries qui font de vous une personne à part et originale ? Vous caresserait-il le dos jusqu'à ce que vous vous endormiez ?

À l'exception de vous caresser le dos, vous êtes libre et capable de faire toutes ces choses vous-même. Ainsi, vous pouvez explorer votre résilience et votre droit à l'amour et à la tendresse. Tout le monde a besoin d'un peu d'attention et, bien que nous soyons douées pour en donner aux autres, nous nous oublions trop souvent.

METTEZ CECI EN PRATIQUE

Imaginez une activité faisant appel à l'un de vos cinq sens. Un massage, un dessert gastronomique, un bain, une galerie d'art, danser… faites votre choix. Ne mettez pas de limites à vos idées. Incluez-les dans votre vie pour une expérience sensuelle et solitaire.

Gardez toutefois à l'esprit qu'être sa propre amoureuse ne signifie pas qu'il faille faire des dépenses pour acheter un parfum ou se laisser tenter par une part de tiramisu.

Vous pouvez vous couvrir d'affection chaque jour de différentes manières :

- Faites un auto-massage
- Caressez-vous les cheveux
- Utilisez une huile ou une lotion parfumée sur la peau
- Dite-vous à quel point vous vous appréciez
- Faites l'expérience d'un soin de peau nourrissant
- Faites-vous un câlin
- Concentrez-vous sur un projet qui vous procure du plaisir, comme lire un roman, peindre un tableau
- Créez un rituel relaxant à l'heure du coucher
- Étirez-vous en vous levant le matin et passez les premiers instants de sa journée à analyser comment vous vous sentez, et ce que vous espérez faire
- Rédigez une liste de gratitude permanente de ce que vous aimez chez vous et des progrès que vous avez réalisés
- Écoutez des méditations guidées
- Utilisez un rouleau en mousse souple pour détendre le corps
- Tenez un journal intime

- Acceptez les erreurs que vous avez commises dans le passé et utilisez ces faux pas comme un moyen d'aller de l'avant

- Confirmez vos envies et satisfaites-les par des réponses aimantes.

EXERCICE CRÉATIF

Dessinez votre dessert préféré, un bol de glace, un morceau de cheesecake, une part de tiramisu. Imaginez le plaisir de le manger. Revenez-y quand vous aurez besoin de vous rappeler que la joie est à votre portée. Parfois, il faut juste penser à son plaisir !

Conclusion

Vous offrir de l'affection vous donne du pouvoir et vous fait briller. Accordez-vous l'affection d'un amoureux et voyez votre bonheur et votre confiance augmenter.

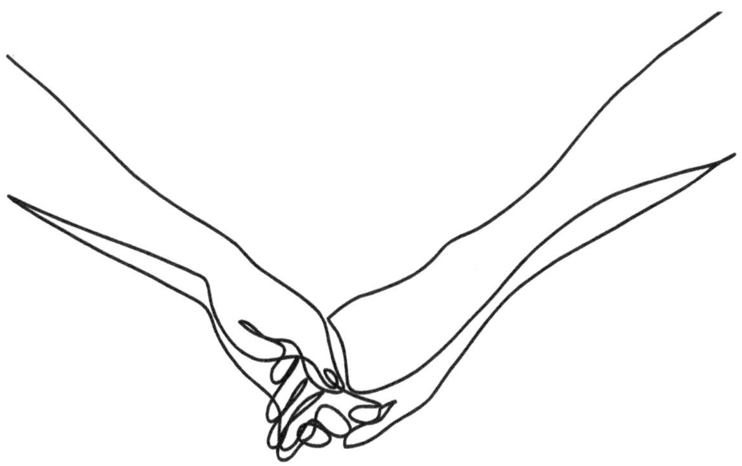

Chapitre Sept

Soyez votre propre source de lumière

Nous regardons souvent les autres pour trouver les qualités que nous avons déjà en nous.

Toutefois, en apprenant à mieux vous connaître, vous découvrirez que l'énergie et la lumière que vous désirez ne demandent qu'à allumer la flamme que vous portez en vous. Soyez votre propre source de lumière alors que vous poursuivez votre voyage dans la vie.

Être sa propre source de lumière signifie avoir le courage de montrer sa vraie nature aux autres. Il s'agit d'avoir l'énergie, la joie et la confiance en la vie qui viennent de l'intérieur, au lieu de dépendre des autres ou des circonstances extérieures pour vous aider à traverser les moments difficiles.

Chacune des activités de ce livre est conçue pour stimuler cela, mais vous pouvez aussi le faire concrètement. Cela signifie qu'il faut sortir et utiliser ses capacités artistiques.

METTEZ CECI EN PRATIQUE

Pour vous mettre dans cet esprit, pensez à votre lumière ou à votre moment de la journée préféré. Est-ce un lever de soleil aux couleurs douces ? Un coucher de soleil éclatant ? Un après-midi chaleureux et pluvieux ? Pourquoi est-ce votre source de lumière préférée ? Qu'est-ce que cela dit de vous ?

Avez-vous besoin d'indications ? Voici quelques réflexions à prendre en compte...

- Le lever du soleil peut signifier une nature joyeuse. Vous avez tendance à être optimiste, avec une vision positive de la vie.

- Le crépuscule peut représenter une personnalité sereine. Vous suivez le courant et d'autres vous décrivent souvent comme étant naturelle.

- Le coucher de soleil peut symboliser un caractère fougueux, quelqu'un qui aime l'aventure et a un style de vie actif.

- Minuit peut révéler une personnalité calme et mystérieuse et un profond intérêt intellectuel pour l'univers.

Quel que soit votre moment, faites un selfie avec votre téléphone pour vous immortaliser dans ce contexte. Jouez avec les poses et les angles. Regardez cette photo lorsque vous avez besoin de vous rappeler que votre lumière vient de l'intérieur.

EXERCICE CRÉATIF

À l'aide de crayons de couleur, de stylos ou de feutres, créez un ciel rempli des teintes qui vous conviennent le mieux. Vous pouvez aussi simplement acheter du papier coloré, dans des couleurs qui vous apaisent, ou bien dans des couleurs qui ont un rapport avec vous. Coupez quelques feuilles en carrés. Gardez-les avec vous pour vous rappeler la lumière qui est en vous.

Conclusion

Être sa propre source de lumière signifie être sa meilleure ressource, sa meilleure amie et sa meilleure source d'énergie. Sortez votre énergie et votre enthousiasme et engagez-vous sur la voie d'un avenir radieux.

Chapitre Huit

Devenez votre propre enseignant

> La capacité d'apprendre est la compétence la plus importante qu'un leader puisse avoir.
>
> —*Padmasree Warrior*

L'apprentissage ne s'arrête pas au moment où l'école se termine et où vous obtenez votre diplôme. Au contraire, diverses études montrent que l'apprentissage continu est la clé du bonheur et de la longévité. Apprendre de nouvelles choses combat également l'ennui et l'inactivité. Si vous élargissez votre culture, vous développez des compétences pour des opportunités futures, vous contribuez à la bonne santé de votre cerveau et vous developpez de nouvelles idées.

Vous pouvez choisir les matières à étudier et les compétences à acquérir. Peut-être avez-vous obtenu un diplôme en mathématiques et avez-vous toujours aimé la botanique ? C'est le moment de revenir en arrière et de vous attarder sur votre passion.

Aujourd'hui, les possibilités sont pratiquement illimitées. MasterClass, ou edX, par exemple, proposent des cours en ligne dans de nombreux domaines, de l'écriture de scénarios à l'image de marque personnelle, de la cuisine végétarienne à la décoration d'intérieur. Les cours sont dispensés par des enseignants émérites, tels que Joyce Carol Oates et Carlos Santana. Certains cours sont payants, d'autres gratuits. Si cela ne correspond pas à votre budget, vous pouvez consulter les cours gratuits proposés dans votre région ou même une université près de chez vous. Il y en a aussi beaucoup d'autres en ligne !

Développez vos connaissances dans un domaine qui vous intéresse, pas nécessairement un domaine qui vous aidera dans votre profession ou qui servira à votre famille. La décision d'acquérir de nouvelles connaissances vous donnera un sentiment de réussite, tout en ayant un esprit actif et vif. En outre, le fait d'apprendre peut vous mettre en contact avec de nouvelles relations dans votre domaine d'intérêt. Il peut s'agir de personnes que vous rencontrez en classe et qui partagent les mêmes intérêts que vous. Ces nouvelles connexions renforcent votre confiance en vous à mesure que vous découvrez de nouveaux mondes.

METTEZ CECI EN PRATIQUE

Dressez une liste de cinq sujets qui vous intéressent. Que ce soit la photographie, la musique ou l'espagnol, inscrivez-vous à un cours local ou en ligne qui vous enseignera une ou plusieurs de ces compétences. Vous préférez approfondir un sujet que vous connaissez déjà ? Envisagez de vous inscrire à un programme de troisième cycle par pur intérêt. Ou bien, allez à la bibliothèque et passez du temps à lire des livres sur des sujets que vous aimez !

EXERCICE CRÉATIF

Il peut être assez difficile de reprendre des études après une longue période ou de recommencer si vous avez arrêté l'école. Pour gérer l'anxiété et la peur qui en résultent, écrivez dans votre journal. La formation continue peut vous aider à élargir vos horizons et à développer votre vie. Souvent, vous voulez le faire, mais la peur vous en empêche !

Jetez un coup d'œil pour commencer à ces propositions de réflexion, suggérées par le Dr. Nick Jensen N.D.

- Quel est le pire qui puisse arriver ?

  ....

  ....

- Qu'est-ce qui m'effraie vraiment dans la formation continue ?

  ....

  ....

- D'où vient cette peur, à mon avis ?

....

....

- Comment je me sentirais si je savais que le résultat serait positif ?

....

....

Conclusion

Apprendre est un plaisir et aussi un élément essentiel du progrès personnel. Développez vos connaissances ainsi que votre confiance en vous et votre sécurité en faisant ce premier pas vers le progrès dans votre culture générale, car vous y prendrez plaisir !

Chapitre Neuf

Soyez votre propre bricoleur

> " La croissance et le bien-être
> ne coexistent pas.
> —*Ginni Rometty* "

Admirez-vous l'autonomie des autres ? Ne serait-ce pas merveilleux si vous pouviez développer certaines compétences vous aussi ? Que vous viviez seule ou en famille, sachez comment réparer les choses dans la maison. Ce robinet qui fuit ou cette étagère mal fixée dont vous avez remis la réparation à plus tard peuvent être des occasions uniques. Acceptez ces défis et renforcez votre confiance en vous en tant que personne autonome, et de plus, en économisant un peu d'argent. Par ailleurs, vous aurez vite une preuve tangible de vos efforts. Il est extrêmement satisfaisant de voir nos propres progrès lorsque nous investissons du temps dans quelque chose !

Ceci n'est peut-être pas pour vous, mais essayer peut vraiment vous apprendre quelque chose de nouveau sur vous-même. Si vous réussissez à réparez quelque chose dans la maison, vous saurez que vous ne dépendez que de vous-même.

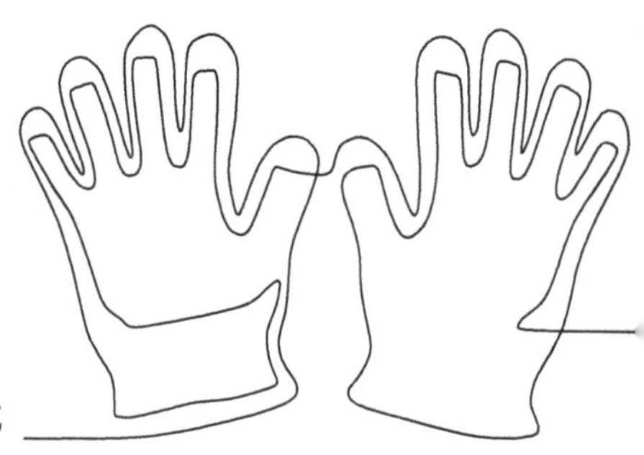

Parfois, nous avons besoin de le sentir et de le *voir* !

METTEZ CECI EN PRATIQUE

Apprenez à bricoler vous-même. Pas besoin de dépendre des autres ! Préparez une trousse à outils, avec un marteau, des clous, un tournevis électrique et ainsi de suite, et lisez des guides. Vous pouvez également vous référer à des vidéos en ligne pour obtenir des tutoriels, étape par étape, qui vous aideront à réaliser de petits travaux d'amélioration de la maison si nécessaire.

EXERCICE CRÉATIF

Une façon de s'y mettre est de commencer petit ou facile. Cherchez ce que vous pourriez réparer vous-même, un évier qui menace de se boucher par exemple. Vous avez certainement une commode que vous avez toujours voulu peindre d'une autre couleur. La peinture est assez facile. Regardez ce que vous devez repeindre, trouvez les couleurs que vous préférez et voilà ! Vous avez un grand projet qui vous ressemble. Cela vous donne la confiance nécessaire pour passer à des tâches plus difficiles et plus complexes à l'avenir.

Conclusion

Comprendre le fonctionnement de votre maison et disposer des outils indispensables pour effectuer de petites réparations vous donnera confiance. Vous pouvez le faire. Tout ce dont vous avez besoin est un projet qui vous motive.

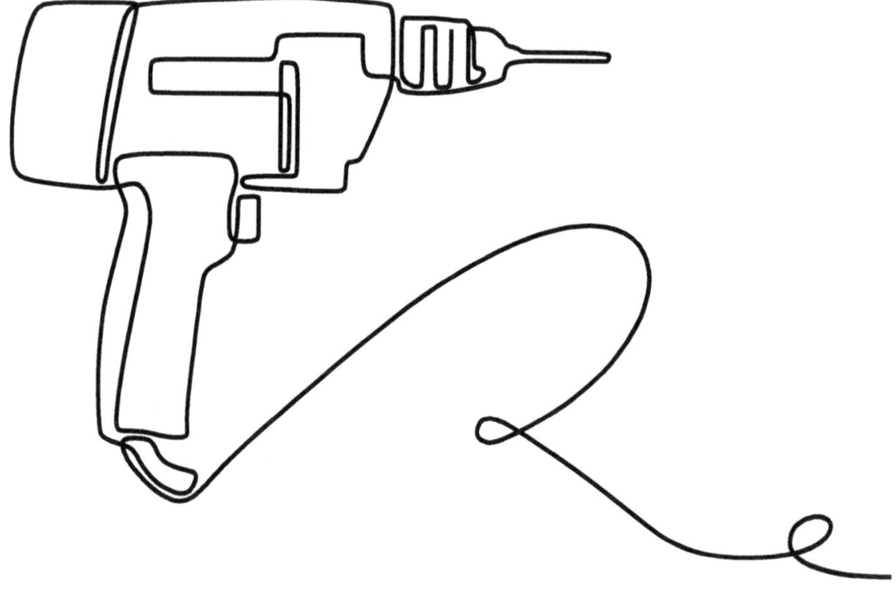

Partie Trois : Aimez votre esprit

Chapitre Dix

Devenez votre propre gestionnaire financier

S'aimer soi-même ne rend pas seulement la vie plus agréable. Prendre soin de soi prévient également les maladies. Mais quel est l'élément qui est souvent ignoré ?

Gérer son argent.

La raison pour laquelle ce sujet est fréquemment négligé est que l'argent suscite de nombreuses émotions. Nous héritons de nos parents ou des situations dans lesquelles nous avons grandi. Nos expériences passées avec l'argent influencent la façon dont nous le gérons dans le présent. Et ce n'est pas toujours une bonne chose.

Sortez de l'équation vos sentiments sur l'argent. En avoir ou en manquer, ou bien le désir d'avoir plus, n'a pas d'importance.

Voici ce qu'il en est. L'argent n'est ni bon ni mauvais, mais une réalité de la vie. Vous devez en prendre le contrôle afin qu'il puisse vous offrir un sentiment d'ordre, d'épanouissement et de maîtrise.

Lorsque vous surmontez vos angoisses financières, vous débloquez une nouvelle forme d'autonomie. Une fois que votre argent est correctement géré, vous êtes libre de prendre plus de plaisir à profiter de la vie et vous apprenez à vous connaître à un niveau plus profond et à mieux vous aimer. Vous êtes également en mesure de vous offrir ce dont vous avez besoin pour une vie longue et joyeuse, qu'il s'agisse d'acheter des aliments sains ou de donner la priorité à votre santé.

Mettez ceci en pratique

Établissez votre situation financière en dressant la liste de vos flux de trésorerie, factures, dépenses, dettes et investissements. Déterminez ce que vous pouvez faire pour vous assurer un avenir financièrement stable ou prospère.

....

....

....

....

EXERCICE CRÉATIF

Il est vrai que l'argent ne se prête pas toujours à la créativité. Effectivement, cela rend certaines personnes anxieuses. Mais vous pouvez être créative en rêvant à des choses que vous imaginez pour vous, dans votre avenir. Les choses que vous pourriez vouloir ou dont vous pourriez avoir besoin. Asseyez-vous, détendez-vous et laissez vos envies vagabonder.

Ensuite, créez une liste de tous les objets ou services que vous avez envie d'acheter. Peut-être un voyage lointain ou la nouvelle paire de chaussures pour votre jogging que vous avez remarquée dernièrement. Quoi qu'il en soit, un plan peut vous aider à connaître le prix de vos envies et à vous motiver pour atteindre cet objectif !

Un autre exercice à faire est de tenir un journal de vos dépenses. Il ne s'agit pas seulement de surveiller vos finances mais de voir où et comment vous dépensez votre argent. Cela vous permettra d'en apprendre beaucoup sur vous.Par exemple, vous avez peut-être dépensé soixante euros pour une soirée entre amis, mais vous n'avez dépensé que dix euros pour vous rendre à votre "rendez-vous avec vous". Qu'est-ce que cela vous évoque ?

Conclusion

Quand vous prenez soin de vous, vous ne pensez pas toujours à l'état de vos finances, mais avoir suffisamment d'argent pour payer les factures, avoir des activités agréables, épargner pour les coups durs et pour l'avenir, et faire des achats importants vous donne un sentiment de sécurité et de contrôle sur votre vie.

Chapitre Onze

Soyez votre propre agent

> Parlez à vous-même comme vous
> le feriez à quelqu'un que vous aimez.
> —*Brené Brown*

Les agents qui aident les auteurs, les athlètes et les acteurs ont la capacité de parler pour les autres. Ils connaissent bien leurs clients et n'hésitent pas à vanter leurs talents et leurs réalisations. En fait, c'est une partie essentielle de leur travail.

Aussi merveilleux que cela puisse être d'entendre quelqu'un d'autre vanter vos compétences, n'oubliez pas que vous pouvez aussi le faire pour vous. Tout ce que vous avez à faire, c'est de connaître les dons qui vous donnent la force d'affronter des situations difficiles, comme un entretien d'embauche, ou aller à un rendez-vous en faisant preuve de confiance, ou encore essayer de nouvelles choses et garder la tête haute.

METTEZ CECI EN PRATIQUE

Notez cinq de vos qualités remarquables. Cela peut prendre un certain temps, surtout si vous n'avez pas l'habitude de penser à vous de cette manière. Ne vous pressez pas. Prenez le temps qu'il vous faut.

....

....

....

....

....

Il peut s'agir d'une belle voix, d'une main verte, de l'habileté à se souvenir des anniversaires, d'une passion pour les films historiques, d'une compréhension unique des animaux, ou de tout autre chose qui vous distingue des autres.

Besoin d'inspiration ?

Rappelez-vous les compliments que vous avez reçus, les témoignages de vos clients, les mots que vos amis proches utilisent pour vous décrire ou même les messages positifs que d'autres ont écrit à votre sujet, sur les médias sociaux. Résumez ces compliments en une liste de traits de caractère ou de compétences.

....

....

....

....

....

....

À côté de chaque élément, énumérez les façons dont vous utilisez ce talent. S'il est sous-exploité, imaginez comment vous pourriez mieux l'utiliser. Comment pouvez-vous le mettre en valeur plus souvent et l'utiliser d'une manière positive qui plaise aux autres ?

Conservez cette liste dans un endroit spécial et consultez-la lorsque vous avez besoin de vous souvenir de votre miracle. Personne n'est sans qualités. Et nous avons toutes en nous cette lumière !

EXERCICE CRÉATIF

Faites un croquis de chacune des cinq qualités que vous avez identifiées.

Il peut s'agir d'un symbole musical pour représenter votre voix, d'une plante pour montrer vos talents de jardininière, d'une bougie d'anniversaire pour symboliser votre mémoire. Ou bien encore, d'un livre pour montrer votre passion ou d'un animal que vous adorez.

Soyez créative ou directe. Ces images représentent les contributions que vous devez apporter ! Ne les cachez pas. Gardez-les dans un endroit où vous pouvez les voir tous les jours, afin de vous rappeler en permanence vos qualités uniques. N'hésitez pas à les mettre à jour lorsque vous découvrirez de nouvelles facettes de votre personnalité.

Conclusion

Nous avons toutes besoin de quelqu'un qui nous soutienne. Arrêtez d'attendre que quelqu'un le fasse pour vous. Vous avez tout ce dont vous avez besoin pour vous défendre et vous soutenir dans ce que vous voulez faire.

Chapitre Douze

Soyez votre propre soutien

> "Je suis à moi, avant d'être à quelqu'un d'autre.
> —*Nayyirah Waheed*"

Avoir un ami ou un membre de la famille à appeler dans les moments difficiles aide beaucoup. Ils peuvent vous serrer dans leurs bras, vous conseiller, vous rassurer ou simplement vous écouter. Certains d'entre eux sauront même reconnaître le moment idéal pour vous donner un mouchoir, vous tirer d'une mauvaise situation et savoir quel parfum choisir lorsqu'ils veulent partager un dessert, par exemple une glace, avec vous.

Parce que nous sommes des êtres humains, nous avons besoin des autres, surtout lorsque nous traversons des moments difficiles. Il est important d'avoir quelqu'un dans notre vie qui nous soutient.

En même temps, cette personne agira comme votre meilleur ami, votre plus proche confident, et ce soutien vous rappellera que vous pouvez faire face aux événements inattendus de la vie. Construisez votre force en vous soutenant vous-même et vous serez étonnée de ce que vous serez capable de faire.

Bien que nous souhaitions nous entourer de personnes qui apportent une valeur ajoutée à notre vie, elles ne sont pas toujours nécessaires. Par exemple, nous n'avons pas toujours besoin de gens pour nous dire que nous pouvons surmonter les moments difficiles.

Que ce soit un mauvais jour, un mauvais mois, une mauvaise année, n'a pas d'importance. Vous pouvez gérer cette situation avec une bonne dose d'amour de soi, de compréhension et de petits plaisirs. N'oubliez pas que vous êtes votre propre alliée. Au bout du compte, vous vivez avec vous-même et vous devez pouvoir compter sur vous-même.

METTEZ CECI EN PRATIQUE

Créez un kit de "soutien" que vous pouvez utiliser lorsque vous passez une mauvaise journée.

Prévoyez un paquet de mouchoirs, un message d'encouragement pour vous-même, une barre de chocolat noir, une bougie parfumée, un livre ou une photo que vous aimez. Ajoutez à cela un journal pour noter vos pensées et vos sentiments, et une liste de chansons et de films qui vous réconforteront. Remplissez un petit carnet d'affirmations dont vous savez qu'elles vous aideront à sortir de la spirale et ajoutez-le à votre trousse. Tout comme un espace sûr vers lequel s'échapper, ce kit peut vous donner le coup de pouce dont vous avez besoin et vous soutenir dans les moments de stress ou de détresse.

EXERCICE CRÉATIF

Écrivez une lettre en parlant de votre passé, alors que vous traversiez une période difficile. Encouragez-vous en vous rappelant comment vous avez fait face à la situation. Lorsque vous vivrez à nouveau un moment difficile, vous pourrez toujours relire cette lettre et comprendre comment vous vous êtes sortie d'affaire.

....

....

....

....

....

Conclusion

Il y a des moments dans la vie où votre plus grand réconfort est vous-même. Avoir des personnes à ses côtés, c'est bien, mais n'oubliez pas que le meilleur soutien pour vous, c'est vous-même !

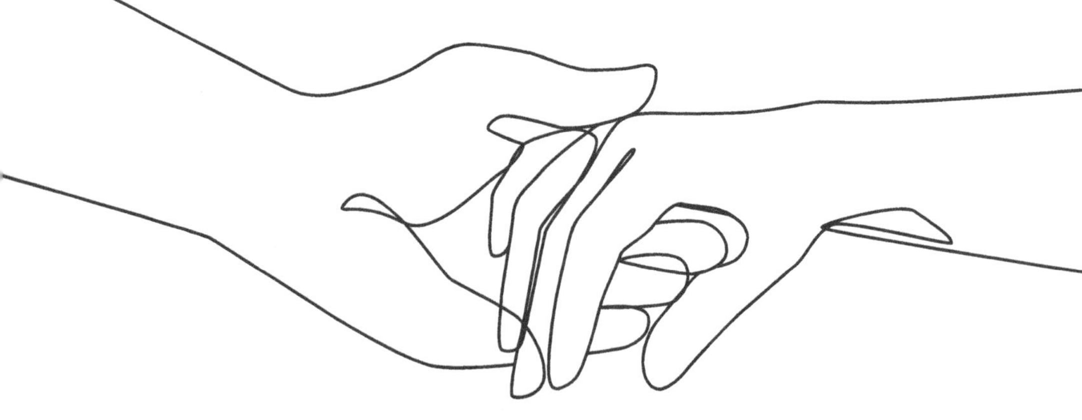

Chapitre Treize

Devenez votre coach

Les entraîneurs personnels, les coachs de vie, un ami qui vous convainc de toujours donner le meilleur de vous-même, ces personnes, ainsi que d'autres, peuvent vous aider à vous élever. Ils vous poussent vers de nouveaux sommets et vous rappellent vos capacités. Ils vous font avancer, même lorsque vous avez l'impression de n'avoir rien à donner.

En effet, même si vous ne le pensez pas, vous en êtes absolument capable. Une grande partie de ce que vous accomplissez physiquement ou mentalement dépend de votre état d'esprit. Si vous êtes dans le positif, vous verrez une myriade de choses que vous pouvez faire avec ou sans le soutien de quelqu'un. Vous êtes formidable. En utilisant des mots d'encouragement, vous pouvez invoquer le coach qui est en vous. Si vous faites cela régulièrement, vous ressentirez un lien plus fort avec vous-même et une plus grande confiance en vous. Il s'agit d'être votre propre soutien, mais cette fois, vous êtes plutôt le coach qui donne des instructions et des directives pendant que vous faites l'activité. Dites-vous... "Tu peux le faire !" avec conviction.

Cette pratique peut nous aider à calmer les voix négatives qui sont si souvent dans nos têtes et nous disent que nous ne pouvons rien faire ou que nous ne sommes pas assez forts. Un coach ne dirait jamais cela, alors vous ne devez pas vous le dire non plus. Encouragez-vous par des affirmations positives et vous atteindrez vos objectifs.

METTEZ CECI EN PRATIQUE

Choisissez un jeu ou un exercice que vous pouvez faire seul. Peut-être du yoga, de la natation, une course à pied ou un tour de vélo. Encouragez-vous avec amour à vous surpasser.

Si vous aimez faire des exercices de gainage, par exemple, chronométrez-vous. La prochaine fois essayez de tenir pendant trente secondes de plus.

Si vous voulez faire du yoga, trouvez un cours qui vous convient en ligne ou dans votre région, ou consacrez une heure supplémentaire par semaine à cette activité.

Si vous aimez nager, essayez de le faire au moins trois à cinq fois par semaine.

Si vous préférez le VTT, trouvez un itinéraire nouveau et stimulant.

Au cours de ces expériences, exhortez-vous à atteindre vos objectifs par des affirmations positives. Nous pouvons toujours nous améliorer. Bien que cela puisse être stressant pour certains, c'est en fait ce qui donne du piquant à nos activités. Nous pouvons toujours nous améliorer !

EXERCICE CRÉATIF

Créez un programme pour un domaine dans lequel vous voulez vous améliorer. S'il s'agit de fitness, créez un tableau qui vous encourage à continuer même quand les choses se compliquent. Vous pouvez également créer une carte de vos objectifs pour suivre vos progrès, au fur et à mesure. Par exemple, marquez vos temps et le but à atteindre pour chaque exercice.

Enregistrez vos succès et votre évolution pour voir réellement les changements qui se produisent au fil du temps. Cela vous encourage à continuer, tout comme le ferait un entraîneur professionnel.

Conclusion

En étant votre propre coach, vous avez la possibilité de changer la voix négative dans votre tête et de vous fournir des messages et des conseils positifs.

Chapitre Quatorze

Devenez votre propre styliste

Ce qui crée la mode est aussi subjectif que ce qui rend une œuvre d'art remarquable. Vous serez probablement attirée par des styles en accord avec votre personnalité et votre façon de vivre. Préférez-vous porter des pantalons de yoga et des chaussures de tennis ? Il y a de fortes chances pour que vous soyez une personne active. Aimez-vous aller dans les magasins de seconde main pour trouver des articles vintage ? C'est le chasseur de trésor qui se trouve en vous qui se manifeste. Êtes-vous attirée par des choses plus classiques ? Vous êtes peut-être une personne plus raffinée.

Quelle que soit votre préférence, vous êtes vous, et c'est ce qui compte. Le style est un moyen de se montrer au monde sous votre vrai jour.

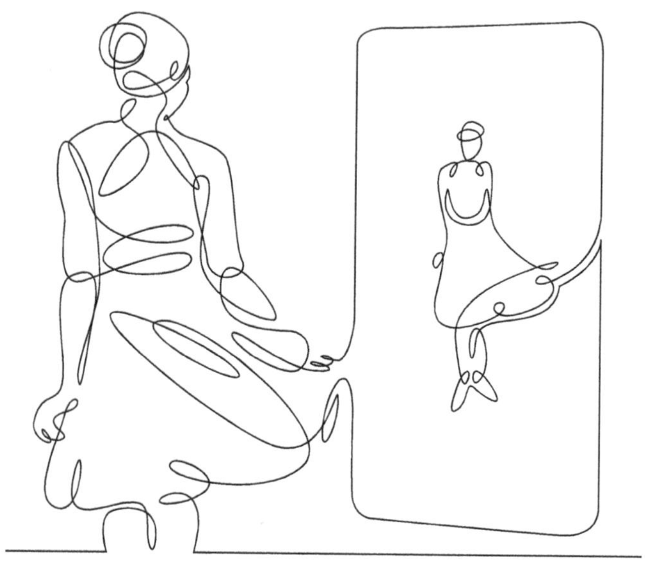

METTEZ CECI EN PRATIQUE

Nous avons tous une belle tenue ou une tenue qui nous fait nous sentir bien dans notre peau. Qu'est-ce qui vous fait vous sentir invincible ? Une jupe étroite et chic et des talons aiguilles ou une robe d'été et des sandales ? Quoi qu'il en soit, faites vos achats pour trouver des articles qui vous permettront de vous sentir bien et vous-même. Choisissez des chaussures ou des accessoires qui mettent en valeur votre apparence et vous donnent un regain de confiance.

EXERCICE CRÉATIF

Créez trois tenues qui expriment votre personnalité. Utilisez les couleurs que vous préférez. Gardez à l'esprit les significations de ces couleurs et la manière dont elles peuvent améliorer votre bien-être...

- Rouge = Passion et énergie
- Jaune = Joie et optimisme
- Orange = Energie et stimulation
- Vert d'eau = Paix et clarté
- Marron = Stabilité et Nature
- Gris = Mystère et fluidité
- Bleu = Confiance et sérénité
- Violet = Luxe et imagination
- Lavande = Amour et grâce
- Rose = Chaleur et espièglerie
- Vert = Harmonie et prospérité
- Noir = Force et sophistication
- Blanc = Espoir et simplicité

Essayez aussi de faire le tri dans votre garde-robe. Observez les vêtements que vous avez et gardez en tête les informations sur les couleurs. Réfléchissez à ce que vous possédez qui reflète réellement qui vous êtes et l'image que vous voulez montrer au monde.

Faites de votre mieux pour vous débarrasser d'au moins cinq articles qui ne correspondent pas à ce système de couleurs et de sens, puis remplacez-les par des vêtements qui ont un sens et reflètent qui vous êtes.

Conclusion

Habillez-vous pour vous et uniquement pour vous. Même s'il est normal de suivre la mode, réfléchissez à ce que vous voulez porter, à ce qui vous fait du bien et à ce qui exprime qui vous êtes vraiment.

Partie Quatre: Aimez votre esprit

Chapitre Quinze

Devenez votre partenaire de danse

> Je n'essaie pas de danser mieux que quiconque. J'essaie juste de danser mieux que moi-même.
> —*Arianna Huffington*

Danser signifie tellement de choses. C'est un exercice, un art, une expression personnelle et c'est aussi, tout simplement, amusant. Que nous soyons dans un salon ou dans un studio spécialisé, la danse améliore l'estime de soi, renforce la confiance et, lorsqu'elle est pratiquée en groupe, aide à créer des liens sociaux. Beaucoup de gens trouvent que c'est un peu stressant, comme parler en public, parce qu'ils y voient une performance devant les autres. Ou bien, ils sont anxieux de réussir tous les pas pour être considérés comme de bons danseurs.

Mais danser ne signifie pas nécessairement se montrer aux autres. Il s'agit d'une activité artistique et, surtout lorsque vous dansez seule, c'est un moyen incroyable de s'exprimer sans crainte de jugement. C'est le défi que je vous lance !

METTEZ CECI EN PRATIQUE

Ne vous inquiétez pas, il n'est pas nécessaire de connaître des mouvements spécifiques pour tirer un bénéfice particulier de la danse. Utilisez une application musicale gratuite ou un site Web pour trouver les bonnes musiques et créez une liste de lecture de vos chansons préférées pour danser.

En voici quelques-unes...

- "Roses" par SAINt JHN
- "Dancing Queen" par ABBA
- "Stayin' Alive" par les Bee Gees
- "Just Dance" par Lady Gaga

Préparez la maison, tamisez les lumières et dansez comme si demain n'existait pas. Vous pouvez danser sur tous les styles, du hip-hop à la danse du ventre, de la danse africaine au ballet classique.

Vous voulez apprendre de nouveaux pas ? Consultez les didacticiels en ligne ou participez à un cours dans votre région. Gardez l'esprit ouvert. Qui sait, vous pourriez tomber amoureuse de quelque chose d'inattendu comme la danse contemporaine. Laissez-vous aller et sentez-vous libre en suivant le rythme.

EXERCICE CRÉATIF

Lancez votre playlist et dessinez la première chose qui vous vient à l'esprit. Peut-être une paire de chaussures de danse ou peut-être un verre d'un savoureux cocktail. Faites preuve d'imagination. Quoi qu'il en soit, laissez-vous inspirer par la musique, levez-vous et dansez.

Essayez de le faire une fois par jour, puis réfléchissez à ce que vous ressentez après vous être exprimée de

cette manière. Êtes-vous plus heureuse ? Vous sentez-vous plus détendue, plus relaxée ? Faites ce qui vous fait du bien et ajoutez, avec assurance, chaque jour, d'autres chansons sur lesquelles danser.

Conclusion

Intégrer la danse dans votre vie augmente le bonheur général et, avouons-le, c'est une excellente pratique. Commencez à le faire tous les jours et appréciez la pratique intérieure du lâcher-prise.

Chapitre Seize

Devenez votre propre esthéticienne

—*Anne Lamott*

Les heures que vous passez dans un spa sont synonymes de soins personnels, et ce, pour une bonne raison. Ce sont des moments pour se choyer de la tête aux pieds et cultiver l'amour de soi, soulager le stress et renforcer la paix de l'esprit. En plus, il n'est pas nécessaire de dépenser beaucoup d'argent pour bénéficier des avantages d'un spa. Vous pouvez vous offrir une telle journée dans le confort de votre

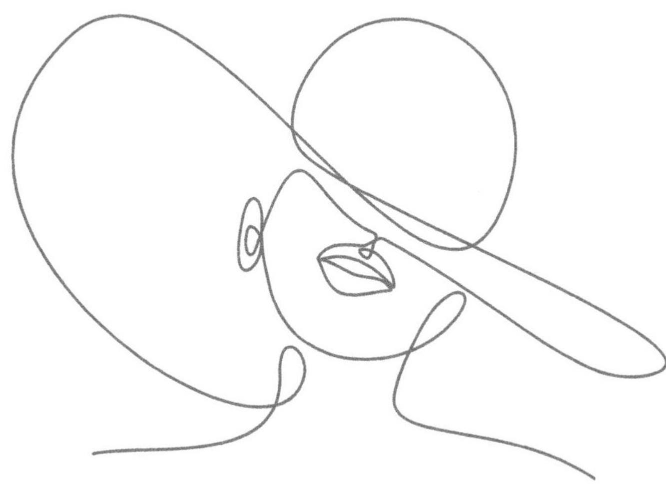

maison et profiter d'un beau moment. Vous n'avez pas à vous soucier d'autre chose que de vous-même et de votre bien-être.

METTEZ CECI EN PRATIQUE

Offrez-vous une journée de détente seule à la maison. Jetez un coup d'œil aux idées qui suivent...

- Profitez d'un bain long et luxueux. Ajoutez du bain moussant à votre eau chaude, allumez une bougie, prenez un magazine ou écoutez une musique relaxante. Avant de sortir de la baignoire, lavez vos cheveux et appliquez un soin que vous aurez fait vous-même.

Masque profond

- Un avocat mûr, écrasé
- Une tasse de lait de coco
- Une cuillère à soupe de miel et une d'huile d'olive
- Deux gouttes d'huile essentielle d'arbre à thé

Mélangez tous les ingrédients. Appliquez sur les cheveux et laissez reposer durant dix à quinze minutes avant de rincer.

- Créez également un soin hydratant pour le visage avec deux cuillères à soupe de yaourt blanc, une cuillère à café de miel et une pression de jus de citron. Continuez avec une crème hydratante nourrissante, un gommage des lèvres à base de sucre, de miel et d'huile d'olive, et un sérum pour le visage.
- Polissez vos ongles, soignez vos sourcils et utilisez une crème hydratante parfumée. Détendez-vous pendant quelques heures dans votre peignoir. Ces petits gestes pour prendre soin de soi ont des résultats incroyables.

Exercice créatif

Essayez de vous faire un massage des orteils jusqu'au cuir chevelu. Sentez la force dans vos muscles lorsque vous vous connectez avec vous-même. C'est tout cela, se dorloter !

Conclusion

La relaxation est essentielle pour vivre pleinement sa vie. Accordez-vous du temps et de l'espace pour quelque chose de merveilleux comme une "journée spa". Vous le méritez.

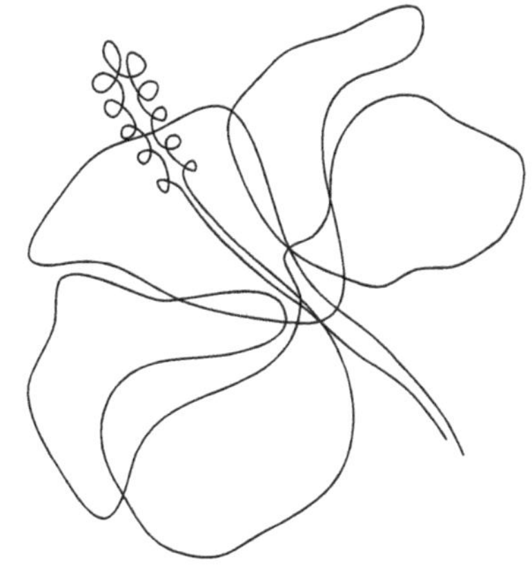

Chapitre Dix-sept

Soyez votre propre architecte d'intérieur

> « Mon chez-moi est le plus beau mot qui soit.
>
> —*Laura Ingalls Wilder*

Disposer d'une pièce ou d'un espace pour soi, même s'il s'agit d'un coin du salon, c'est avoir un endroit pour se détendre, s'occuper de ses émotions et réfléchir. Nous avons toutes besoin de notre propre espace, un endroit où nous pouvons simplement être nous-mêmes. Il n'y a personne pour nous juger ou nous faire du mal. Il n'y a personne pour nous dire quoi faire ou nous donner plus de travail. Cet espace doit être un lieu où vous pouvez vous échapper lorsque

vous vivez des moments un peu plus difficiles dans la vie.

Parce qu'il est pour vous seule et vous est dédié, votre espace doit refléter qui vous êtes, ce que vous espérez réaliser et la vie que vous avez vécue. En passant du temps dans ce lieu, vous pouvez renforcer votre estime de vous, vous fixer des objectifs et vous remémorer de bons souvenirs. C'est un endroit où vous pouvez vous donner encore plus d'amour.

METTEZ CECI EN PRATIQUE

Choisissez un lieu dans votre maison que vous pouvez appeler "mon espace", même si vous vivez seule.

- Il peut s'agir d'un coin de votre salon, de la coiffeuse de votre chambre ou d'un endroit dans le jardin.

- Sélectionnez quelques objets, comme un coussin, dans la couleur que vous préférez.

- Ajoutez des petites touches qui stimulent la relaxation et la créativité, comme des bougies, des huiles essentielles, des chapelets de prière, tout ce qui vous parle. Vous pouvez acheter quelques objets ou utiliser ceux que vous avez déjà.

- Incluez des choses qui ont un sens pour vous, comme une figurine que vous avez rapportée d'un voyage ou un ensemble de serre-livres que vous avez reçu en cadeau.

- Décorez les murs avec des œuvres d'art, des photographies ou des citations qui ont une signification pour vous ou qui évoquent un merveilleux souvenir.

- Complétez le tout avec une plante ou une composition florale que vous aimez pour embellir l'espace et vous rappeler le lien entre les soins attentionnés et le développement de soi.

Vous avez besoin d'autres idées ? Jetez un coup d'œil à certains blogs ou sites Web de décoration pour obtenir des conseils sur la façon d'aménager les petits espaces. L'objectif est de créer une sorte de sanctuaire où vous pouvez vous laisser aller, vous ressourcer, vous inspirer ou simplement être vous-même.

EXERCICE CRÉATIF

Concevez votre salon, chambre à coucher, salle de bains ou cuisine idéale. Concentrez-vous sur les détails, des plantes aux souvenirs, qui feront de ce lieu le vôtre. Utilisez des couleurs qui sont en accord avec vous. Si quelque chose de nouveau vous inspire, ajoutez-le.

Conclusion

Joseph Campbell l'appelait un lieu "d'incubation humaine". Virginia Woolf l'a surnommée "la chambre à soi". Vous pouvez l'appeler votre "refuge". Quel que soit son nom, notre espace est ce lieu dont nous avons tous besoin pour nous évader et être nous-mêmes.

Chapitre Dix-huit

Soyez votre propre source d'espoir

> « L'espoir et la peur ne peuvent occuper le même espace. N'en gardez qu'un.
> —*Maya Angelou* »

Céder à la peur est une réaction humaine normale, mais surmonter cette peur nous fait nous sentir encore mieux. Bien que les amis, la famille et les mentors puissent vous donner de l'espoir, vous devez toujours garder la foi dans votre cœur.

L'espoir est si particulier que, outre l'amour, il fait partie des nombreuses choses que les musiciens chantent, que les artistes peignent et que les écrivains racontent. C'est une émotion humaine si incroyable et si puissante qu'elle peut littéralement transformer une mauvaise situation en quelque chose d'agréable, en nous montrant la lumière au bout du tunnel.

Avec de l'espoir et de la patience, nous pouvons nous sortir d'une situation difficile. Ils nous apportent la sécurité et nourrissent notre imagination. C'est une façon de garder une lumière allumée même si autour tout semble sombre. Et tout cela peut venir de l'intérieur de vous.

METTEZ CECI EN PRATIQUE

Regardez votre vie et pensez à trois moments précis où l'espoir vous a aidée. Peut-être avez-vous surmonté un problème dans une relation importante ; Peut-être avez-vous trouvé la résilience pendant une période de douleur ; Peut-être avez-vous gardé la confiance en sachant que les sentiments négatifs s'évanouissent. Écrivez librement dans votre journal ces moments et comment ils vous ont renforcée.

Lorsque les choses commencent à mal tourner, il est important d'avoir un point de référence ! Utilisez ces notes de votre journal pour vous rappeler à quel point vous avez été forte et avez réussi à vous en sortir.

EXERCICE CRÉATIF

Sélectionnez une image qui vous donne de l'espoir. N'ayez pas peur de revenir aux classiques comme une fleur, un signe de paix, le symbole de l'infini ou un lotus. Ajoutez au dessin des mots qui vous encouragent. Vous pouvez créer une image à encadrer et à accrocher pour vous rappeler de toujours garder espoir.

Conclusion

Trouver l'espoir en soi favorise le développement de la résilience et de l'indépendance. C'est ainsi que nous trouvons la lumière sur la route dans les moments difficiles. L'espoir est comme un phare qui continue de briller.

Chapitre Dix-neuf

Soyez votre propre voix de la raison

> « Une femme forte comprend que des dons tels que la logique, l'esprit de décision et la force sont aussi féminins que l'intuition et la connexion émotionnelle.
> —*Nancy Rathburn* »

Etre toujours positif et viser le bonheur perpétuel est non seulement irréaliste, mais aussi dangereux. Ne regarder que le bon côté des choses pour éviter la vérité ou pour singer le bonheur, peut vous empêcher de tenir compte de vos émotions et de connaître un véritable développement. Il en résulte une accumulation de douleurs qui peut conduire à la perte de contrôle de votre vie.

L'inverse existe également. Si vous vous accrochez à des pensées et des émotions sombres, elles peuvent vous rendre malheureux.

Une façon de trouver l'équilibre entre ces deux extrêmes est de se tourner vers la logique et la raison pour faire face aux émotions pénibles et aux pensées négatives. Également connue sous le nom de recadrage cognitif, cette pratique vous incite à ne pas voir le bon côté des choses, en soi, mais à envisager la situation d'un point de vue plus rationnel. Certaines personnes appellent cette pratique "changement d'objectif".

Grâce à cette nouvelle façon de penser, vous pouvez éviter de tomber dans la honte, la culpabilité, la colère, le regret et la douleur et vous rapprocher d'un point plus sûr et plus stable.

METTEZ CECI EN PRATIQUE

Lorsque vous êtes confrontée à une pensée inconfortable ou à une émotion pénible, prenez du recul et considérez vos idées et vos sentiments d'un point de vue plus objectif.

- Comment vous sentez-vous par rapport à cette pensée ?

....

....

- Que pensez-vous de ces pensées en général (par exemple, je déteste me faire du mal) ?

....

....

- Notez votre réponse, puis essayez l'approche dite "dynamique". Notez trois autres points de vue possibles sur la situation. Comment envisager autrement ce problème ? Que verrait une personne à côté de vous, derrière vous ou regardant de loin ?

....

....

- Ensuite, pratiquez ce que Patanjali appelle "prati-paksha-bhavana" dans les Yoga Sutras, c'est-à-dire cultivez la pensée opposée. Par exemple, si vous faites une erreur au travail, reformulez-la comme une opportunité. Maintenant, comment vous présenteriez-vous cette histoire ? Notez-le et lisez-le à haute voix.

....

....

EXERCICE CRÉATIF

Avec des stylos ou des crayons de couleur, créez un arc-en-ciel en commençant par l'émotion la plus intense et la couleur correspondante. Le rouge, par exemple, pour représenter la colère. Utilisez des nuances plus claires pour obtenir la couleur, ou l'état émotionnel, dans lequel vous voulez être.

Voici quelques idées...

- Le rouge attire les sentiments d'excitation et de force

- Le bleu évoque des sentiments de compétence

- Le rose encourage les comportements plus doux et plus gentils

- Le violet éveille l'ambition et la spiritualité
- L'orange favorise la confiance

Conclusion

Évitez le piège de la négativité en examinant vos pensées et vos émotions d'un point de vue nouveau et plus rationnel. Nous avons tous besoin de la voix de la raison de temps en temps. Soyez vous-même et apprenez à trouver de nouvelles perspectives lorsque vous êtes confrontée à une situation difficile.

Chapitre Vingt

Devenez votre admiratrice

> « Savoir ce que vous admirez chez les autres est un merveilleux miroir de votre moi le plus profond, qui n'est pas encore né.
> —*Gretchen Rubin*

Nous sommes habitués à admirer les autres. Chaque fois que nous rencontrons quelqu'un qui possède de grandes compétences ou une personnalité merveilleuse, nous l'admirons. Il peut être facile de transformer cette admiration en jalousie ou de se comparer aux autres. Parfois, admirer les autres peut vous aider à vous montrer à la hauteur de votre potentiel, qui, soit dit en passant, est infini. Chaque fois que vous vous arrêtez pour vous admirer, vous renforcez un comportement sain et enrichissez votre confiance en vous. S'admirer soi-même chasse cette insatisfaction gênante qui découle d'une comparaison excessive.

L'admiration de soi peut être perçue de manière négative. Aux yeux de certaines personnes, celles qui ont déjà du mal à avoir confiance en elles, vous pouvez sembler arrogante. Mais ce n'est pas du tout le cas ! Bien sûr, il y a occasionnellement des gens qui exagèrent, mais très souvent, nous oublions de ressentir de l'admiration pour nous-mêmes.

C'est là qu'est le problème. Comment allez-vous réaliser vos rêves, avoir des relations merveilleuses et obtenir ce que vous voulez de la vie, si vous ne vous aimez pas d'abord vous-même et n'admirez pas ce que vous avez à offrir ? Nous avons tous quelque chose d'unique en nous, mais si vous ne savez pas par où commencer, choisissez quelque chose de petit. Par exemple, vous pouvez être douée pour nettoyer la cuisine ou pour vous rappeler de toujours souhaiter un anniversaire à vos amis. Ces petits compliments quotidiens sont un excellent moyen de commencer à être gentil avec soi-même.

METTEZ CECI EN PRATIQUE

Traitez-vous comme le ferait un admirateur secret. Achetez-vous un bouquet de fleurs ou faites un autre geste d'attention envers vous-même. Faites une promenade, achetez-vous une glace ou des chocolats.

Envoyez-vous une note vous félicitant pour un travail bien fait, ou concernant un problème que vous avez résolu ou une qualité que vous admirez chez vous. Gardez-là dans un endroit où vous pouvez la voir souvent, que ce soit dans votre tiroir à sous-vêtements ou sur votre table de nuit.

Remerciez-vous d'être comme vous êtes.

EXERCICE CRÉATIF

Choisissez trois adjectifs pour décrire vos qualités les plus importantes, puis dessinez des images à côté. Que pensez-vous de ces qualités ? Commencez à vous regarder avec de nouveaux yeux, ceux d'une admiratrice.

Conclusion

S'admirer n'est pas une mauvaise chose. Il s'agit de prendre le temps de regarder ce que nous pouvons offrir au monde ! Parce que tout le monde a quelque chose. Ne laissez personne vous empêcher d'apprécier qui vous êtes.

Conclusion

Il y a tant de beauté et de liberté à être soi-même. Je sais que le monde essaie de nous raconter une histoire différente, essaie de nous faire ressembler à un certain modèle, agir d'une certaine façon ou avoir certaines compétences afin d'être considérées comme des personnes valables. Ces messages du monde sont constants, il peut donc être très tentant de les croire.

Mais ce livre vise à vous faire voir différemment qui vous êtes et combien vous avez à offrir au monde. Il vous suffit d'ignorer ces messages que vous recevez constamment et vous pouvez le faire en développant le pouvoir de l'amour de soi.

Vous êtes vous, une personne unique avec des capacités et des caractéristiques qui ne ressemblent à aucune autre. Pourquoi ne pas mettre à profit ces singularités en développant chaque jour votre confiance en vous ?

Aimez-vous et apprenez-en davantage sur la personne que vous êtes en train de devenir...

- votre muse
- votre oreille attentive
- votre parent sage et aimant
- votre rendez-vous
- votre chef personnel
- votre amoureuse
- votre source de lumière
- votre enseignant
- votre bricoleur
- votre gestionnaire financier
- votre agent
- votre soutien
- votre entraîneur
- votre styliste
- votre partenaire de danse
- votre esthéticienne
- votre architecte d'intérieur
- votre source d'espoir
- votre voix de la raison
- votre admiratrice.

Même si tous les aspects de ces activités ne vous intéressent pas, vous pouvez en apprendre beaucoup sur vous-même en jouant tous ces différents rôles dans votre vie. De cette façon, vous comprendrez à la fois vos faiblesses et vos forces et pourrez créer une vie plus épanouissante et plus heureuse. Mais n'oubliez pas de toujours vous aimer. Vous êtes la seule personne sur cette planète qui peut être vous et vous connaître vous-même est merveilleux.

Du contenu en prime
Nos cadeaux pour toi...

Abonne-toi à notre bulletin d'information et reçois ces documents gratuitement !

Scanne-moi.

www.specialartbooks.com/free-materials/

Suis-nous sur :

Instagram: @specialart_books
Groupe Facebook : Special Art
Site Web : www.specialartbooks.com

Impressum

Pour les questions, les réactions et les suggestions :

support@specialartbooks.com

Nina Madsen, Special Art

Copyright © 2023

www.specialartbooks.com

Images by © Shutterstock